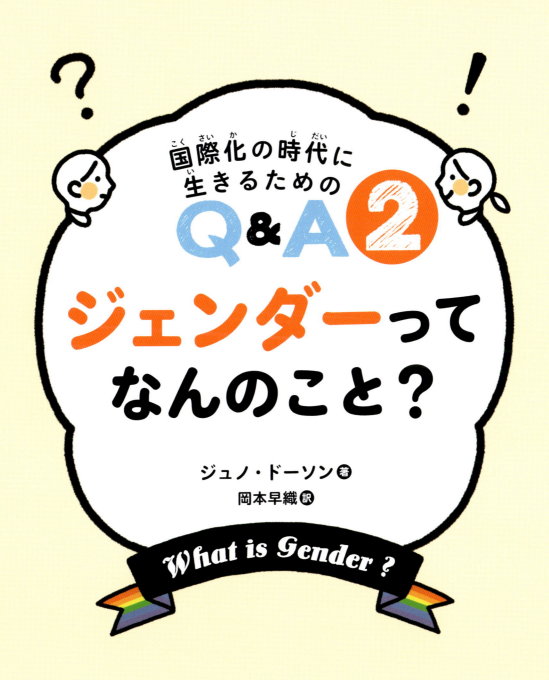

国際化の時代に生きるための Q&A 2

ジェンダーってなんのこと?

ジュノ・ドーソン 著
岡本早織 訳

What is Gender?

創元社

What is gender? How does it define us? And other big questions
by Juno Dawson

Copyright ©Juno Dawson, 2017
Japanese translation rights arranged with HODDER AND STOUGHTON LIMITED on behalf of Wayland, a division of Hachette Children's Group through Japan UNI Agency,Inc., Tokyo

目次

ジェンダーの話	4
生物学的な性ってなんのこと？	6
インターセックスってなんのこと？	8
ジェンダーってなんのこと？	10
ジェンダーの固定観念ってなんのこと？	12
わたしのジェンダー：ジュノ・ドーソン	16
どうして男の子と女の子は見かけが違うの？	18
どうして男の子が人形で遊んじゃいけないの？	20
わたしのジェンダー：ローラ・ドックリル	22
わたしのジェンダー：アンソニー・アナクサゴロウ	23
トランスジェンダーってなんのこと？	24
わたしのジェンダー：フォックス・フィッシャー	26
ジェンダーとフェミニズム	28
わたしのジェンダー：ホリー・ボーン	31
クロスドレスってなんのこと？	32
世界のジェンダー	34
生物学的な性とセクシュアリティの違いって？	36
わたしのジェンダー：マット・リスター	38
ジェンダーって必要なの？	40
わたしのジェンダー：クリシュナ・イッサ	42
わたしのジェンダー：アンドリュー・マクミラン	43
あなたのジェンダーは？	44
用語集	46
索引	47

色付きの文字の説明は45〜46ページにあります。

ジェンダーの話

カップルの間に子どもができたら、まず聞かれることが多いのは「男の子？ 女の子？」という質問です。答えるのは簡単ですよね？ 世界において、人間は2種類に分けられます。男性と女性です。全世界の人口のうち、49.6％が女性で、50.4％が男性だと言われています。わかりやすいですね。ただ、そんなに単純じゃなかったら？ **生物学的な性**と**ジェンダー**は全く違うものなので、**アイデンティティ**の話は時に複雑になるのです。

どうしてこの本を読むの？

「ジェンダー」、「生物学的な性」、「男性」、「女性」、「男の子」、「女の子」などの言葉は、聞いたことがあっても、よく意味を考えたことはなかったのではないでしょうか。でも、これらはとても重要です。自覚がなくとも、生物学的な性とジェンダーの両方が、あなたの人生、未来に影響を及ぼすからです。

ジェンダーは、あなたの感じ方であり、必ずしも生物学的な性と一致しません。そして、他の人があなたをどう見るかに影響します。人は、あなたが男の子か女の子かだけを見て、全く誤った推測をすることがあります。ある人々にとっては、生まれた時に与えられた性はうれしいものですが、別の人々にとっては悲しいものになります。

社会において、世界のどこにいるかによって、性別はとても異なる選択肢や展望をもたらします。ジェンダーが、いかに人生に影響を与えるかについて話すことは大切なのです。

考えてみよう
どうして男の子か女の子かが重要なの？

「ジェンダーの問題点は、わたし達がどう自己を認識して（捉えて）いるかではなく、どうあるべきかを定めていることです。想像してみてください。ジェンダーによる期待の重圧がなければ、わたし達はどれほど、より楽しく自由に、ありのままの個人として生きられるか」

チママンダ・ンゴズィ・アディーチェ、作家

この本のはたらき

この本を読み終えたら、こんなことがわかるようになります。

- 生物学的な性とジェンダーの違い
- トランスジェンダーであることの意味
- 生物学的な性とセクシュアリティの違い
- 「ジェンダーフルイド」という言葉の意味
- 性差別主義（セクシズム）とフェミニズムの意味
- より平等が必要な理由

あなたがすべて学べたなら、筆者は役目を果たせます！

そしてこの本では、とってもかっこよくて賢い人達（横の写真の人達と、他にも！）が、自分のジェンダー哲学について話してくれます。

クリシュナ・イッサが、マルチジェンダーであることについて説明してくれるよ。
➔ 42ページ

ホリー・ボーンが、フェミニズムについて考えていることを知ろう。
➔ 31ページ

フォックス・フィッシャーが、トランスジェンダーの経験を語ってくれるよ。
➔ 26ページ

アンドリュー・マクミランが、ジェンダー・アイデンティティについて書いた詩を読んでみよう。
➔ 43ページ

生物学的な性ってなんのこと？

あなたが生まれた時、きっと医者か助産師は、うれしそうにこう言ったのではないでしょうか。「おめでとうございます！ 元気な○の子ですよ！」

ほぼ確実に、あなたの脚の間を見てそう言ったのでしょう。それはあなたの**生物学的な性**であり、必ずしもジェンダーではありません。後で詳しく説明します。

生物学的な性

生物学的な性は、五つの生物学上の要素に基づいています。

❶**外性器**：医者か助産師が見る部分です。女性には陰核、外陰と陰唇があり、男性には陰茎と陰嚢があります。

❷**内性器**：生殖する（子どもを作る）ために、男性と女性の腹部は違う構造をしています。女性には膣、子宮と卵管があり、男性には前立腺と精管があります。

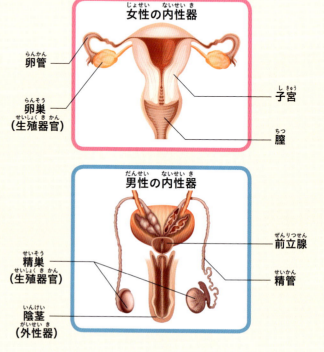

6

❸ **生殖器官**：女性には**卵巣**があり、生殖年齢（大抵12〜49歳）には月に1回排卵します。男性の生殖器官である**精巣**は、精子を作ります。生殖器官は「性腺」とも呼ばれます。

❹ **ホルモン**：「お腹が減る」、「疲れる」など、わたし達の体にあらゆる指令を送る化学伝達物質です。人体は同じホルモンで満たされていますが、男性か女性かによって程度が変わります。女性はエストロゲンやプロゲステロンを、男性はテストステロンをより多く持っている傾向があります。

❺ **染色体**：遺伝子の中にある小さくて賢い性染色体は、体の他の部分に指令を送ります。それにより、典型的な男性または女性の特徴が発展します。哺乳類の雌は**X染色体**を二つ持ち、雄は**X染色体**と**Y染色体**を一つずつ持ちます。もちろん、強力な顕微鏡を使わないと見えません。

どうして生物学的な性が重要なの？

生物学的な性が重要である大きな理由は、生殖です。人間は、有性生殖という過程を経て子どもを作ります。男性が、女性の卵を受精させる種を送って、その卵は女性の体内にある子宮で9か月ほどかけて成長します。

ものすごく拡大されたX染色体とY染色体

考えてみよう

人の生物学的な性は、見た目だけでわかる？

インターセックスってなんのこと？

生まれた時に両性の特徴があるか、生物学的な性が幾分かあいまいな人は、**インターセックス**と呼ばれます（つまり、医者や助産師は、赤ちゃんの脚の間を見ただけでは生物学的な性がわからないはずです）。では、赤ちゃんは男の子？ 女の子？ それは時に難しい問題です。

インターセックスの定義

新生児がインターセックスと分類される特徴はさまざまです。そのため、世界におけるインターセックスの人の数を知るのは難しいのですが、生まれてくる子ども全体の1％ほどではないかと言われています。赤い髪の人の数と同じくらいの割合です！

赤ちゃんが男性と女性の両方の**性器**を持って生まれた場合、両親が「問題」をなおすために手術を選ぶことがあります。ただ、赤ちゃんには自分が女の子か男の子のどちらと感じるか伝える術がないので、この選択はとても議論を呼びます。

インターセックスの人の多くは、適切な年齢になってから、自分を男性もしくは女性、または、**トランスジェンダー**もしくはインターセックスと捉えるか決めます。

考えてみよう

インターセックスの手術について、誰が決断できると思う？ 個々人、医者、両親、裁判官、それとも他の人？

ハンネ・ギャビー・オディール

ハンネはオランダのスーパーモデルで、インターセックスとして生まれました。両親は医者に、赤ちゃんだったハンネの手術をしてもらいましたが、本人はその決断を批判しています。ハンネは自分がインターセックスだと「カミングアウト」した時に、「わたしの大事な部分をみなさんに明かす時が来たのです」と話しました。「今こそ、インターセックスの人が光の中に出て、地位を主張して、恥を手放す時です。そして、わたし達の多くが子どもの時に対象となった、不要で害を及ぼす手術に対して声をあげるのです。今日生まれるインターセックスの子どもは未だに、こうした人権侵害を被る危険にさらされています。わたしは自分の声と舞台を使って、虐待を終わらせることに貢献します」

キャスター・セメンヤ

キャスターはとても才能のある、南アフリカのオリンピックメダリストです。キャスターの経験からは、人が性別に関してどれだけ残酷になれるかわかります。2009年の世界選手権で800メートル走に勝ってから、キャスターの性別について憶測が飛び交い始めました。メディアやスポーツ界で、キャスターが「男性として生まれた」またはインターセックスであるから、レースでの勝利はフェアじゃないと言う人が出てきました。最終的には、キャスターはメダルを保持し、自身の生物学的な性についてプライバシーの権利が認められました。

考えてみよう

どうしてプライバシーは人権なの？

ジェンダーってなんのこと？

先ほどの性が生物学上の話である一方で、ジェンダーはそれ以外の話です。とても単純に言うと、人間は2種類の生物学的な性に分けられています。男性と女性です。いえ、先ほど学んだとおり、インターセックスの人もいますね。ジェンダーはそれとは違う、<u>アイデンティティ</u>に関する話です。

公式の定義

「ジェンダーとは、女性と男性の<u>社会的に構築</u>された特徴を指す。例えば、女性と男性それぞれのグループの、またはその間の、<u>規範、役割、関係</u>などである。<u>社会によって異なり、変わることもある</u>。」

世界保健機関（WHO）

ちょっと難しいね。どういうこと？

社会的に構築された：ジェンダーは作られた特徴ということ。人間が選んだ「ルール」であり、特に事実に基づいていません。生物学や科学と繋げられることもありますが、それ以上なのです。

規範、役割、関係：男性や女性、男の子や女の子にとって「普通」と考えられる事柄や行動。

社会によって異なる：イギリスで男性と女性にとって「普通」と考えられることが、他の国ではとても不思議かもしれません。

変わることもある：ジェンダーは柔軟に変えられる特徴です。人は生まれた時に与えられたジェンダーに一生縛られる

わけではありません。また、ジェンダーの規範は時とともに変わります。例えば、たった50年前、女の子が大学に行くことや、男の子が看護師になることは珍しかったのです。今はそうではないですね。

ジェンダーの規範ってなんのこと？

生物学的な性が体に関することである一方で、ジェンダーはその他すべてのことです。ジェンダーの規範について考える時は、こんなことを話します。

- **あなたの名前**：男の子につけられる名前（デヴィッド、ムハンマドなど）、女の子につけられる名前（サラ、イヴなど）、中性的な名前（サム、アレックスなど）があります
- **代名詞**（「彼」、「彼の」、「彼女」、「彼女の」、「彼らの（their）」）
- **着る服**
- **髪**
- **化粧**
- **持っているおもちゃ**
- **制服**
- **書類上で選ぶ欄**
- **体育の時間にするスポーツ**
- **趣味**
- **色**（ピンクと青が最もわかりやすい例です）

「ジェンダーは両脚の間ではなく、両耳の間にあります」

チャズ・ボノ、俳優

考えてみよう
友達にどうやって「ジェンダー」を説明する？

女の子は、なにでできてる？
砂糖、スパイスにすてきなもの達
男の子は、なにでできてる？
スライム、カタツムリ、子犬のしっぽ
　　古くからある、子育ての詩

ジェンダーの固定観念ってなんのこと？

逆に教えて！ 男の子と女の子の固定観念を、それぞれ20個ずつ書いてみてください。

固定観念とは、ある集団についての特徴や推測を意味します。これらは、経験、家族や友達、そして本、映画や他のメディアによってもたらされます。世界中に異なる固定観念が存在し、時とともに変わります。

作ったリストを見て、どうしてその固定観念がフェアじゃないと思う？

ジェンダーの期待

ジェンダーがややこしいのは、意見によるものだからです。なんで長い髪は女の子の髪型なの？ なんで青色は男の子の色なの？ 男の子と女の子は違うふるまいを期待されることがありますが、それってフェアじゃないですよね。

男の子は荒っぽくて、たくましくて、力強い。女の子はかわいくて、繊細で、か弱い。このような固定観念は必ずしも正しくなく、わたし達のやりたいことを時に邪魔します。

なりたい自分になろう

女の子らしい女の子も、それはそれでいいのです。男らしい男の子もそうです。問題は、男の子や女の子が、ジェンダーの固定観念による期待に応えられていない、「間違っている」と感じてしまうことです。

女の子はきれいにして、おしとやかに優しくしなければと思い、男の子は怒った時も感情を出したり泣いたりしてはだめだと思ってしまう。ジェンダーの固定観念は、男の子と女の子の両方に悪影響を及ぼします。

男の子や女の子に、正解はないのです。

そして間違いもない。なにを着ても、どのおもちゃで遊んでも、どのようにふるまってもいいのです。他の人を傷つけないかぎり。一番大切なのは、あなたらしくいること。男の子でも女の子でも、異性の友達とよく遊んでも、なんの問題もありません。

> 「大切なのは個々人です。みんな、心地よく生きる自由があります。ただし、他の人を傷つけないこと」
>
> コンチータ・ヴルスト／トム・ノイヴィルト、歌手

考えてみよう
ジェンダーの固定観念は、どこから来ると思う？

母親と父親

昔から言われている、母親と父親の役割も、強い固定観念です。つい5、60年前、特に第二次世界大戦の前は、母親が家事と子育てをして、父親が働きに出ることがほとんどでした。でも、すでに学んだとおり、ジェンダーの規範は時とともに変わります。この考え方も変わりました。多くの女性は子どもが生まれた後も仕事に復帰するし、家事と子育てをする父親もいます。ただ、研究結果によると、まだ女性のほうが男性より多く家事をする傾向があるようです。

今は、子どもに2人の父親または母親がいることも珍しくありません。義理の父親か母親の場合も、同性カップルの場合もあります。家族の形や大きさはいろいろなのです。

考えてみよう

女性が男性より多く家事をするのはフェア？ あなたの家では、誰が家事を一番多くしている？

「チャレンジって大好き。限界や、ジェンダーの固定観念、そしてわたしに対する人々の期待に立ち向かうのも……」

グウェンドリン・クリスティー、俳優

やりたいことをやろう

消防士、バレエダンサー、大工、看護師。これらの職業を見て、どのジェンダーが思い浮かびますか？ 昔から社会において、男性向けまたは女性向けの職業があると考えられていました。でも、あなたの得意なことや身につけられる能力は、ジェンダーによって決まるわけではありません。女性の消防士や男性の看護師で、活躍している人もたくさんいます。ジェンダーに夢を邪魔されないで！

ジェンダーは、あなたができることやできないことを決めません。

考えてみよう
どうすればジェンダーの固定観念を変えられる？

「わたしはジェンダーに縛られたと感じたことはありません。いつも自分は自分で、ある型にはまるようにふるまわなきゃとは思いません」

シャミール、シンガー・ソングライター

わたしのジェンダー　ジュノ・ドーソン

わたしが誰で、どうしてジェンダーに関心があるか？ とても幼い頃、3、4歳の時に、わたしは自分が女の子だと確信していました。物心がついた頃の記憶です。ただ、一つ問題がありました。生まれた時、両親はわたしが男の子だと言われたのです。

成長期

両親はわたしのことをジェームズと呼び、男の子として接しました。つまり、わたしはジェンダーを押しつけられていました。男の子が「こうすべき」行動をとらないと、注意されました。遊びたいおもちゃで遊べず、着たい服を着られない日々でした。

「すごく不満でした。毎日寝る前に、目が覚めたら女の子になっていますようにとお祈りしていました。でも、そうはいきませんでした」

発見

　時が経ち、大人になってから、多くの人がジェンダーや生物学的な性の要素を変えていることを知りました。彼らは**トランスジェンダー**かトランスセクシュアルと呼ばれます。わたしはたくさんのトランスジェンダーの人達、そして家族、セラピスト、医者と話して、自分もトランスジェンダーだと気づきました。

移行期

　わたしは30代前半に、ジェームズからジュノへ**性別移行**をしました。まずは、見かけを変えます。髪、服装、名前、パスポートを変えて、周りの人から「彼女」と呼ばれるようになりました。そのあと、体を変えていく**ホルモン**を入れます。

　もしかしたらそのうち、顔と体をより女性らしくするために、さまざまな手術を受けるかもしれません。両親ときょうだいはとても協力的で、わたしが人生を変えるのを手伝ってくれました。

ありのまま

　移行を経て、わたしはもっと「ありのまま」になりました。前よりも日々が楽しくなりました。ただ、移行するのは大変でもあります。たまに街中や電車で、辛いことを言われて傷つきます。でもそういう言葉は、言った人自身に返ってくるものですよね？　わたしはずっと女性であり、そのために行動しているのです。

どうして男の子と女の子は見かけが違うの？

思春期を経て大人になるにつれて、男の子と女の子の体には違いが出てきます。

ジェンダーを比べてみよう

傾向として、男性は女性より背が高くて体が重く、肺活量が多くて肩幅が広いです。また、顔髭や体毛が伸びます。
女性は男性より腰幅が広く、胸があります。専門的には、これらは「第二次性徴」と呼ばれます。

でも、「これが男性／女性の外見だ」とは断言できません。背の高い女性や背の低い男性、胸が大きくない女性や肩幅が広くない男性もいます。
映画や雑誌で、固定観念的な、日に焼けているやせた体をよく見ますが、実際には、男性と女性の外見はさまざまなのです。

ジェンダーのルールってあるの？

髪型、服装や化粧は、ジェンダーを反映します。スカートや化粧などが女性向けだと言う人もいますが、男性と女性の見かけに関する「規範」は文化によって異なります。

18世紀には男性の間で、ふわふわした長いかつらをかぶるのがはやっていました。

19世紀の初めまで、男性も女性も同じようにピンクの服を着ていました。実は、戦士が赤とピンクの服を着ていたことから、ピンクは男の子からのほうが人気だったのです！　古代ローマ、古代ギリシャ、古代エジプトでは、男性がスカートをはくのは普通でした。スコットランドの男性は、キルトと呼ばれるスカートを特別な時にはきます。

アジアでは、男性もサロン、ドウティやムンドゥを着ます。

古代から男性は、地位を表すために化粧をしていました。古代ローマ人は、頭のはげたところを隠すためにフェイスペイントをしました。

このとおり、男の子や女の子が「こうあるべき」という「ルール」は、作り上げられた下らないことなのです！社会、文化そしてファッションは常に進化しているので、10年、20年、30年後にわたし達がなにを着ているか誰もわからないのです。

着るべき服とそうでない服についての考えは対立しているので、一番いいのは、「ルール」を無視して好きな格好をすることです！

「社会では、男性が女性と間違えられると侮辱と捉えられます。これは、女性が劣っていると考えられているからでしょうか？」

アンドレア・ペジック、スーパーモデル

考えてみよう

服装、化粧や髪型の他に、「男の子／女の子向け」のものはある？

どうして男の子が人形で遊んじゃいけないの？

もちろん男の子も人形で遊んでいいし、多くの子が実際にそうしています。問題は、それをからかう人がいることです。

子どもの遊び

男の子が、昔から女の子用とされているおもちゃで遊んだり、その逆があったりすると、それぞれ「めめしい」、「おてんば」など意地悪なことを言われます。そういう風に言うのはクールじゃないですね。子ども達が互いをからかい始める前は、みんな小学生の頃に近所で人形と遊んでいたのですから。

アクティビティの時間です！

2列の表を作って、それぞれの列に男の子用、女の子用のおもちゃと遊びを、思いつくだけ書き出してください。

男の子用はサッカーやコンピュータゲームなど、荒っぽくてうるさくて身体的なアクティビティ、女の子用は人形遊びや手芸など、かわいらしくて優しくてお世話するゲームになったのではないでしょうか？

子ども達は、あらゆる種類のおもちゃで遊んでいいと言われるべきです。男の子も女の子も、創造的、身体的、競争的で、面倒見がよく想像力が豊かであってほしいものです。みんな、なんでも好きなおもちゃで遊べるのです。

「おもちゃはおもちゃ（Let Toys Be Toys）」という、人気のキャンペーンがあります。おもちゃ屋さんが「男の子用」、「女の子用」としておもちゃを売らないことで、子どもが好きなおもちゃを選べるようにするのが目的です。「男の子用」、「女の子用」という売り場をなくしたおもちゃ屋さんもあります。
わたし達は、男の子と女の子の**固定観念**に抗っていく必要があるのです。

「女の子だからできないことなんて、言われたことがありません」

アン・ハサウェイ、俳優

考えてみよう

誰が子ども達に、どのおもちゃが男の子／女の子用か教えるの？

わたしのジェンダー　ローラ・ドックリル

ローラ・ドックリルは、高く評価されているイギリスの詩人、作家です。

子どもの頃

わたしは常に、自分が女の子らしくないと少し自覚していました。そして、そうなることに興味がないと。両親には感謝しています。きょうだいとわたしを**物として見**ず、わたし達の見た目を気にしないで、ただ子どもとしていさせてくれました。わたしは、男の子にも女の子にもなれるように、クモや人魚、ヒーローや吸血鬼にもなれたのです。

執筆におけるジェンダー

書き手の役割は、人生に栄養を、想像の声に息吹を与えることです。男の子と女の子のために書くのも、過去と未来について語るのも好きです。わたしの仕事のすてきなところの一つは、「もし〇〇だったらどうなるだろう」と自問できることです。

想像を広げる

キャラクターのフィクション表現について、書き手に文句を言うのはフェアじゃないと思います。「〇〇の気持ちがどうやってわかるというの」とよく聞かれます。

キャラクターを模索、創作し、それに幅と深みを与えることが、わたし達の仕事なのです。人魚より男の子の視点から書くほうが批判されますが、魔法の海に住んでいる半魚人の女性より、16歳の男の子の人生のほうがたやすく想像して書けます。

男性や女性のキャラクターが、異性によってうまく描写されているのを見るとうれしくなります。そうできるのはすばらしいことだと思います。

わたしのジェンダー
アンソニー・アナクサゴロウ

アンソニー・アナクサゴロウは、イギリスのロンドンで育ったパフォーマンス詩人です。

痛みを感じて

9歳の頃、弟と遊んでいた時のことを覚えています。木に登ろうとしたら、弟がすべってひざをすりむきました。弟が泣き出すのを聞いて父親が様子を見に来ました。軽いすり傷だとわかると、「男らしく泣き止みなさい」と言いました。

その時、痛みに強いことが男らしさなのかと思い、自分が痛みを感じた経験を恥じました。自分は女の子なのかな？

でも過去に木登りや、いとことのけんかでついたすり傷を見て、弟のように泣き出さなかった自分は強いのだと感じました。

感情的であること

伝統的な男らしさを一蹴できるようになるまでには、より自信をつける必要がありました。家族が「男らしく毅然とふるまって、図太くなりなさい」と言うのを気にせずに、感情的で繊細になることが最初の一歩だったと思います。男の子や男性が、思いどおりに感情を表現すべき理由を、説明できるようになりました。

若者と話すと、感情を女性と、力強さを男性と関連づけている人がよくいます。どちらも両立できるのです。わたし達は両方なのです。脆弱で混乱して悲しんでいてもいいと思えるようになれば、わたし達は安心感を得られ、幸せになれます。

トランスジェンダーってなんのこと？

「ジェンダーは、脳と体のそれぞれにあります。99％の人にとってそれは同じですが、トランスジェンダーの人にとっては一致しません」

チャズ・ボノ、俳優

あるべき姿に

たまに、生まれた時に割り当てられたジェンダーに違和感を抱く人がいます（わたしみたいに！）。

困っちゃうよね？ 男の子か女の子のどちらかであるべきなんて、どうやって感じるの？ 女の子か男の子のように感じるって、どうやってわかるの？ でも、多くの人がとても幼い頃から、母なる自然が、神様が、生物学が、運命が「間違えた」と感じています。トランスジェンダー（「トランス」と略されます）の人にとっては、心と体が一致しないのです。

トランスジェンダーの人は、その数だけ多様です。

- あるトランスは、名前や代名詞を変えます。つまり、「彼」の代わりに「彼女」と呼ばれるようにしたり、その逆にしたりします。「彼」も「彼女」も適切でないと思う場合は、「彼ら（they）」にすることもあります。

- あるトランスは、着る服を変えます。

- あるトランスは、体の形を変えるためにホルモンを入れます。

- あるトランスは、体をさらに変えるために手術を受けます。

トランスになるには

トランスジェンダーになるのは、とても個人的なことです。「間違い」なんてありません。移行には何年もかかることもあり、トランスは決して「完了」しません。例えば、生涯ホルモンを投与し続けるトランスの人も多くいます。

「トランスジェンダーの子ども」について、ニュースを見たことがあるかもしれません。まだ子どもの時に、移行を決意する人もいます（イギリスの法律では、子どもとは18歳未満を指します）。

このように若くして決めた人は、永久に性別を変えると決断できる年齢になるまで、サポートやカウンセリング、時には治療を受けます。

トランスの男女は、社会の他の男女と変わりません。唯一の大きな違いは、トランスの女性には子どもができないことです。もちろん、多くの人がそうしているように、養子をとったり、代理出産をお願いしたりできます。

エイブリー・ジャクソン

トランスジェンダーの女の子であるエイブリー・ジャクソンは、YouTubeで移行の経験を共有しました。

> 生まれた時に、お医者さんはわたしが男の子だと言ったけど、自分は女の子だって心の中でわかっていたの。男の子の体の部分があるのも、悪いことじゃない。（中略）トランスジェンダーであることは大変だけど、なりたい自分になれるよ

わたしのジェンダー フォックス・フィッシャー

フォックス・フィッシャーは、アーティスト、映画製作者で、TVドキュメンタリー『マイ・トランスセクシュアル・サマー』に出演するスターの1人です。

おてんば

生まれた時に女性だと言われたけど、どうもしっくりきませんでした。成長期には**トランス**の存在を知らなかったので、自分を男の子と認識していいと思いもしませんでした。いつも男の子と遊んで、男物の服を着ていたので、「おてんば」と呼ばれていました。また、家族に順応せずに、女物の服を着せられることに怒ったり、荒々しくふるまったりしていたので、反抗的だと思われていました。

変わる時

わたしは鬱々とした幼少期を過ごし、大人になってからも途方に暮れていました。ある時わたしは、社会的な、かつ医療上の**性別移行**でしか、自分のパニック発作や深い悲しみを克服できないと気づきました。

恐れ

そして、自分を一番引き止めていたのはわたし自身だと気づいたのです。

自分の気持ちを人に話すのを、とても恐れていました。真剣に受け止めてもらえると思えなかったし、それで虚しさを埋められるのかわかりませんでした。

一連の過程（名前の変更、**ホルモン**投与、手術）を乗り越えられるか不安で、もしその結果、気持ちが和らがなかったら、と考えてしまいました。幸せになるために体を変えなきゃいけないことにいら立ちました。なぜ今のやせた中性的な体を好きでいて、女の子だと思われるのを楽しめないの？

わたしの旅路

　でも、女性として見られて生きるのは限界でした。偽りだと感じました。もうその時点で、失うものはありませんでした。そして、わたしの旅路が始まりました。名前や書類を変更して、医者にホルモンを入れてもらい、手術を受けました。幸い、ホルモンを入れて「女性以外」として接してもらうと、気持ちが和らぎ、これは一連の過程のリスクに値すると気づきました。もっと早くこうすればよかったと思いました。

自分であること

　今は、人生に満足しています。自分の問題を解決したので、他の人を支えられるようになりました。そして、トランスのコミュニティの一員であることを誇りに思っています。

　もう自分の体についてストレスを抱えたり、違和感を抱いたりせずに済むのがとてもうれしいです。「自分」を模索して、映画製作を通して他の人にもその人自身をもっと肯定してもらう、そんな生き方を気に入っています。

ジェンダーとフェミニズム

先ほど、ジェンダーは人生に影響を及ぼすと書きました。特に女性にとってそうです。おかしい話ですが、長い間、社会において女性は男性ほどの権利を持っていませんでした。例えば選挙で投票できず、同じ給料をもらえず、働きに出られず、誰と結婚するか、子どもを持つかを選べませんでした。だからこそ今も、**フェミニズム**は重要なのです。

婦人参政権論者って誰のこと？

20世紀に入ってから、婦人参政権論者として知られる女性の集団が、女性の参政権を獲得する運動を行いました。イギリスの婦人参政権論者はさまざまな形で抗議しました。例えば、柵に自分を縛りつける、ロンドンの街中で行進する、郵便受けに火をつけるなどです。多くの女性が牢屋に入れられ、食事をもらえませんでした。第一次世界大戦の最中、抗議していた女性達は軍隊のサポートにまわりました。

その結果として公衆の支持を得て、1918年に、30歳以上で家を持つ女性に参政権が与えられました。アメリカでも似た運動が起きて、1920年に、アメリカの女性も参政権を得ました。

1918年、ホワイトハウスの外で抗議活動をするアメリカの婦人参政権論者

「わたしが男性と同じ賃金をもらうのも、自分の体について決断するのも正しいと思います。また、国の政策や意思決定に女性が関わるのも、わたしが社会的に男性と等しく尊敬されるのも正しいと思います」

エマ・ワトソン、俳優

女性がまだ基本的人権を持っていない国や地域もあります。近年、世界中の女性が、権利が脅かされていることに抗議してデモをしました。

フェミニストとは、女性に男性と同じ権利と機会があるべきだと考える人のことです。物事がフェアであってほしいなら、女性でも男性でもフェミニストになれます。

性差別主義ってなんのこと？

性差別主義（セクシズム）とは、ある**生物学的な性**、多くの場合は女性の能力や知力が他の性より劣っているという考え方です。性差別的な言動や態度をとる人は、生物学的な性だけを理由に、女性ができることやできないことを決めつけようとします。

最近は、不平等が残る性差別主義に焦点を当てた、フェミニズム団体を持つ学校や大学もあります。フェミニストを公言するセレブも多くいます。ビヨンセ、テイラー・スウィフト、マーク・ラファロ、ジョン・レジェンド、マイリー・サイラスの全員が、インタビューでフェミニズムに言及しています！

「すべての男性がフェミニストであるべきです。もっと男性が女性の権利を気にかければ、この世界はよりよくなります」

ジョン・レジェンド、ミュージシャン

なんでフェミニズムが必要なの？

重要な質問ですね。世界中で、男の子も女の子も貧困、病気、搾取などさまざまな形で苦しんでいます。ただ、統計によると、男性として生まれたほうが少し楽なようです。

- 2013年には、学校に行く年齢の約6,300万人の女の子が、教育を受けられなかったと推定されています。国によっては男の子への教育のほうが重要と考えられていることも原因の一つです。時に女の子は、学校へ行くことより家事をすることを求められます。

- すべての女性に、質のよいヘルスケアを受ける機会、子どもを持つか決める権利、虐待的な関係からの安全が与えられているわけではありません。

- 男の子のほうが重宝される文化においては、女の子の赤ちゃんや胎児を殺してしまうようなことがまだ起きているのです。

- 性別によって給与の差が存在することがあり、イギリスでは男性が1ポンド（約145円）稼ぐ間、女性は81ペンス（約117円）しか稼げないと言います。

- 2億人の女性や女の子が、女性器切除（または女子割礼）を経験したことがあると推定されています。そのうち13万7,000人はイギリスの女性や女の子です。男性の割礼と異なり、女性器切除（または女子割礼）は女性の人生に深刻な影響を及ぼします。イギリス国内でそれを行うことと、そのために外国へ女の子を連れて行くことは違法です。

- イギリスの大企業100社で代表を務める人々のうち、女性の数よりも、ジョンという男性の数のほうが多いと言われています。

不平等——特に女性に影響を及ぼす不平等——がまだ世界に存在するため、**フェミニズム**という言葉は必要なのです。

考えてみよう
どうしたら学校を女の子にも男の子にもフェアな場所にできる？

「男の子に、平等と、相手を尊重することを教えなくてはなりません。大きくなってから、ジェンダーの平等が当たり前になるように。そして女の子には、人間が可能な限り高みに行けると伝えなくてはなりません」

ビヨンセ・ノウルズ＝カーター

わたしのジェンダー　ホリー・ボーン

ホリー・ボーンはベストセラー作家で、「スピンスター・クラブ」という、若者がフェミニズムと女性の友情を祝福する三部作の著者です。

女の子であること

女の子であることには、すばらしい面もあります。表面的なことでは、純粋に、選べる服の多さや、新しい口紅をつける時のワクワク感。もっと意味のあるレベルでは、他の女の子と築ける、とても深くて、でも笑える友人関係。ただ、悪い面もたくさんあります。

ずっとかわいくいなきゃいけないと思うこと

女の子が「こうあるべき」と言われる見た目をまとめると、次のようになると思います。やせた体、滑らかでお互いくっつかない太もも、大きいけどたれていない胸。あとへこんだお腹。透明感のある肌、ぷっくりとした唇。ボリュームがあるけどちぢれていない髪。どうです、疲れてきませんか？　心もとなく、自分に嫌気がさしませんか？

変える力

だからわたしは、抵抗して正しいことのために立ち上がったり、友達に「これって変だと思うけど、あなたはどう？」と言ったりすることについて本を書いています。わたし達が耐えるのを強いられているすべてのおかしいことを話し合うだけで、大きなパワーが生まれます。

もしなにかに違和感を抱いたら、友達と相談してみてください。オープンになることで気持ちが楽になるだけでなく、このような会話から本当に世界を変えられるのです。

クロスドレスってなんのこと？

多くのエンターテイナーが、パフォーマンスする時にジェンダーの固定観念で遊びます。たまに、男性は女性の、女性は男性の格好をします。ルポール、デヴィッド・ウォリアムズ、マット・ルーカス、デイム・エドナ・エバレッジとリリー・サベージというコメディ・ドラァグクイーンの名前を聞いたことがあるかもしれません。みんな、演劇と音楽の世界で有名です。

ドラァグとして着飾る

「ドラァグ」という言葉は、シェイクスピアの時代に生まれました。男性が女性の役を演じることが普通で、「女の子として着飾る（DRess As a Girl）」が「DR.A.G」と略されたのです。

世界で有名なポップスターであるレディー・ガガ、デヴィッド・ボウイ、マドンナ、ケイティ・ペリー、ボーイ・ジョージ、アニー・レノックスの全員が、パフォーマンスの一部として実験的に、男性と女性の固定観念を取り入れています。

ドラァグ・アイデンティティ

ドラァグクイーン（またはキング）とトランスジェンダーの人の違いは、衣装とかつらを脱いで、化粧を落とせば、ドラァグ・パフォーマーの多くは、自分を生まれた時の生物学的な性と捉えている点です。格好だけで、その人のアイデンティティまたはジェンダーを判断できるわけではありません。

「わたしは自分をアンドロジナスな（男性的、女性的な外見を併せ持つ）スタイルで表現します。その概念が好きなのです」

レディー・ガガ

🌼 ルポール

　ルポール・チャールズは、世界一有名なドラァグクイーンではないでしょうか。かけだしの頃は、ニューヨーク市のパフォーマンス・クラブでパーソナリティを務め、1990年代にはアルバムをリリースして映画に出演しました。最近では、『RuPaul's Drag Race（ルポールのドラァグ・レース）』というリアリティ番組の司会として一番知られています。番組には世界中に何百万人ものファンがいて、ドラァグ文化を主流にしました。

> ドラァグとは、アイデンティティをまねすることです。そしてあなたが、自分が思う以上の、パスポートに書いてある以上の人だと教えることです

トランスヴェスタイトってなんのこと？

　トランスヴェスタイトとは、異性の典型的な服を着ることを楽しむ人です。時に「クロスドレッサー」とも呼ばれます。ドラァグキングやクイーンと違い、トランスヴェスタイトの人はパフォーマンスではない日常生活においてもクロスドレスをします。

「性別やセクシュアリティ、自分をどう認識するか、誰を好きになるかは関係ない……あなたが人生でなにをするか、人類にどのような価値を与えるか、それこそが大切なのです」

エディー・イザード、コメディアン

世界のジェンダー

ジェンダーが「男の子か女の子」、「男性か女性」という単純なことでは全くないと話してきました。ジェンダーの見方は、世界の文化によって異なります。ジェンダーが2種類より多いと認識する文化の例を挙げます。

ネイティブ・アメリカンの伝統では、**二つの魂を持つ人**が存在するとされています。多くの種族が、4種類のジェンダーを認識しています。女性的な女性、男性的な女性、女性的な男性と男性的な男性です。

ハワイの先住民**マフ**は、男性と女性の両方の特徴を持っています。トランスジェンダーの人と異なり、マフの**アイデンティティ**はより流動的で、男性と女性の間にあります。

アルバニアの**宣誓処女**は女性として生まれますが、のちに男性として生きて働くことを誓います。今はすたれかけているこの風習は、女性が男性と同じ権利を持つためのものでした。

インド、パキスタン、バングラデシュの**ヒジュラ**は、数千年前から存在する南アジアの文化です。インドでは、**ヒジュラ**は正式に「第3のジェンダー」として認められています。

タイの**カトイ**は男性として生まれますが、多くの国民から国の「第3のジェンダー」として認識されています。学校によっては、ジェンダーの数に応じて、2種類ではなく3種類のトイレが設置されています。

サモアの**ファファフィネ**は、少なくとも20世紀初めから第3のジェンダーとして認識されてきました。「**ファファフィネ**」は「女性のように」と訳されます。

生物学的な性とセクシュアリティの違いって？

生物学的な性とセクシュアリティは、二つの別の概念です。生物学的な性は、単純には、あなたの体が男の子と女の子のどちらなのか。セクシュアリティは、こちらも単純には、あなたが男の子と女の子のどちらを好きになるかです。簡単な話でしょう？

人が人を好きになるのにはさまざまな理由があって、それはどうしようもありません。好きになる時はなるものです！

「セクシュアリティは、あなたが個人的に好きになるのが誰か……ジェンダーのアイデンティティは、あなたの魂の姿」

ケイトリン・ジェンナー、アメリカのテレビパーソナリティ

アイデンティティを表現する

セクシュアル・アイデンティティは、ジェンダー・アイデンティティと少し似ています。ある時々の感じ方によって自身を捉えるからです。人生の過程で、セクシュアル・アイデンティティを変える人もいて、それも問題ありません。自分のセクシュアル・アイデンティティに一番合っている分類を選ぶこともあります。例えば、以下の分類を聞いたことがあるでしょうか。

- **ストレート、異性愛者**：自分にとっての異性を好きになる人。

- **ゲイ、レズビアン、同性愛者**：自分にとっての同性を好きになる人。

- **バイセクシュアル、パンセクシュアル**：前者は、男女どちらでも好きになる人。後者は、ジェンダーに関係なく他者を好きになる人。

- **アセクシュアル**：多くの場合、他者に性的な関心を抱かない人。でも、彼氏や彼女を作らないわけではありません。他者との関係において、性的なことが重要でないだけです。

セクシュアル・アイデンティティの種類はいろいろあり、自分自身を分類したくないという人もいます。

レズビアン、ゲイ、バイセクシュアル（LGB）であることを悩んで、自分のセクシュアリティが友達や家族に受け入れられないのではと心配する人もいます。今でもLGBの人達は差別されたり、不当にからかわれたりすることがあります。自分のアイデンティティについて話すのは時に難しいのですが、多くのLGBの人はカミングアウトした時に、ほとんどの人が理解を示してくれたと言います。

LGBであることは、全く恥ずべきことではありません。

考えてみよう

どうして人はアイデンティティを分類すると思う？
自意識を持つのはどれくらい重要？

わたしのジェンダー　マット・リスター

マット・リスターは、ロンドン出身のモデル、ライターです。10年以上、カヌースラロームのイギリス代表選手を務めています。

いつから自分がゲイだと知っていた？

思い出せるかぎり、ずっと自分がゲイだと思っていました。誰かを好きになる時、相手はいつも男性でした。なので、「いつから？」という質問に対する答えは「ずっと」だと思います。

学生時代

学校では、わたしは太っちょでニキビ面で、体育でやるスポーツは体操とトランポリン以外すべて苦手でした。同じ学年に何人か、ゲイ、レズビアンやバイセクシュアルであることを**カミングアウト**した子がいましたが、それに対するさまざまな反応にわたしはおびえました。

とりあえず学生時代を乗り切って、卒業してから、自分に正直にありのままになろうと決めました。

水に入る

17歳になってから、親しい友達に打ち明けました。次にもっと親しい友達に。じょじょに水に入るように、様子をうかがっていたんだと思います。そしてきょうだいにも言いました。

2、3秒して、「本当に？！ 秘密にできないから、お母さんとお父さんにも言ってね」という答えが返ってきました。

カミングアウト

　その少し後、スポーツ選手の道に入って、世界大会に出るようになりました。全く新しい世界を目の当たりにして、なおさら真の自分でいられなくなると思いました。カミングアウトをしたら、目標を達成したり、夢を叶えたりするチャンスを台無しにしてしまうのではと恐れました。実際は、その反対でした。カミングアウトをしてから、水上でより自由になって、結果が良くなりました。史上初めて二つの種別でイギリスの代表選手となり、いくつものメダルを獲得しました。ワールドカップや世界選手権のコメンテーターとしても呼ばれました。

LGBTへのサポート

　2015年に、イギリス競技者委員会から、**LGBT**（レズビアン、ゲイ、バイセクシュアル、**トランスジェンダー**）の選手に対するよりよいサポートについて意見を聞かれました。その流れで、わたしはイギリス選手のためのLGBT選手大使になりました。選手会にこのような役職ができたのは初めてでした。

振り返って

　勇気を出して、もっと早く友達や家族に、ゲイであることを正直に話せたらよかったと思います。時をさかのぼって、幼い自分に「なんとかなるよ」と伝えたいです。

ジェンダーって必要なの？

もしジェンダーによってトラブルや衝突しか起きないのなら、どうして気にしなきゃいけないの？ ジェンダーの社会への影響は大きいので、嫌でも避けることはできません。ある人は、自分を魅力的に見せるか、単に流行に従えばいいと言います。ある人は、好きな見かけでいることが幸せだと言います。ある人は、特定のジェンダーに属していることが好きだと言います。ジェンダーについて特に考えたことのない人もいます！

ジェンダーフルイド、ジェンダークィア、ジェンダーノンバイナリーってなんのこと？

「ジェンダーフルイドとは、自分が特に両極端のジェンダーに属していないと感じることです。ほとんどの場合、わたしは自分をどのジェンダーとも認識していません。男性ではないし、女性として生まれたけどそうとも思いません。わたしは中間にいて、完璧な想像上では、両方のいいとこ取りをしています」

ルビー・ローズ、俳優

「自分を男性とも女性とも認識していない人に会ったことがあります。その人は、あらゆる要素を持っていました。美しく、魅力的であり、打たれ強いのと同時にか弱く、女性的だけど男性的でもある。その姿に、今までの人生で出会った人の中で一番共感したのです」

マイリー・サイラス、歌手

　ジェンダーの話なんて下らないと思っていたり、単に自分は男の子でも女の子でもないと感じていたりする人もいます。この人達は、**ジェンダーフルイド、ジェンダークィア、ジェンダーノンバイナリー**と分類されたり、「彼」、「彼の」、「彼女」、「彼女の」の代わりに、「彼らの(they)」という代名詞を使ったりすることがあります。

　セレブシェフのジャック・モンローやポップスターのマイリー・サイラスは、自身のジェンダーを中性と認識しています。

「わたしは女性か男性としてではなく、一個人として接してもらいたい」

ジャック・モンロー

わたしのジェンダー　クリシュナ・イッサ

クリシュナ・イッサは、イギリスのライブアーティスト、パフォーマンス制作者です。クリシュナはポップカルチャーの表現に興味があり、クィア文化、ジェンダー政治やフェミニズムをテーマにした作品を作っています。

わたしは劇場で活動するアーティストです。スカートをはいて青いマニキュアを塗って、すごく髪を短くしてよく独特な髪型にしています。

わたしは**ジェンダークィア**で、ある日には男の子、別の日には女の子、多くの日にはどちらも混ぜた気持ちです！

わたしのジェンダーは「マルチジェンダー」とも呼ばれます。他の人に自分のジェンダーを説明するのが難しいこともあります。みんな男の子か女の子のどちらかだと思われがちですが、実はどちらでもないか、両方の人も多いのです。

インドの神話では、神や女神などの別世界の存在がトランスとして描写されていて、時によって異なるジェンダーの間を行き来しています。わたしの日常もそんな感じです。

多くの人は、自分に合っているジェンダーを作り出します。男の子や女の子であることの捉え方は十人十色です。わたし達は、ジェンダーの**固定観念**の要素を、しっくりくるようにしたり、それに抗ったりするのです。

わたしのジェンダー　アンドリュー・マクミラン

アンドリュー・マクミランは賞を取ったことのあるイギリスの詩人で、クリエイティブ・ライティングの講義をしています。

わたしは16歳の時に、両親に**カミングアウト**しました。おそらく14歳頃からゲイだったのですが、自分の感じ方を人に説明する術がありませんでした。

学校では同性愛について教わらなかったのです。わかっていたのは、生まれた時にこの体、男性性とともに与えられた感じ方が、学校の他の男の子とは違うということでした。

この詩は、あるふるまいを期待された時の気持ちと、どのように期待に抗うかを表現しています。

時計

わたしが生まれてから、父が時計をくれた
使い方はわからなかった
5、6歳の時、なんなのか聞いた
もっと大人になってから使うと言われた

両親はそれを大切なものだと言った
成長するにつれて重みが増した
古びたそれは、わたしに合わなかった

10、11歳の時、母に時計はいらないと言った
自分の居心地を悪くすると
でも父のものだったと母は言った
その前は祖父のものだったと

わたしはそれでも拒んで、母は折れた
あなたが選ぶことだと言った
そして父にも伝えてくれると
父は、時代が変わったと気づいて
わたしに好きなものを選んでほしいと言った
それはうれしいことだった

あなたのジェンダーは？

これで、考える事柄を提案できたと思います。さて、自分のジェンダーについても考えてみてください。例えば、以下のことを自問してみましょう。

- 自分の**ジェンダー**は？

- より男の子だと感じる？　それとも女の子？

- 女の子／男の子であることの、どういうところが好き？

- 「男の子だと感じる」、「女の子だと感じる」ってどういうこと？

- **固定観念**的な服装、おもちゃ、遊びが好き？

- **性差別主義**を経験したことがある？

- 男の子か女の子のどちらを好きになる？　両方好きになる／ならない？

- 自分は**フェミニスト**？

自分自身に大きな質問をするのは、特に若い時は全くもって自然なことです。

もう一つ付け足すと、**アイデンティティ**は時とともに進化します。

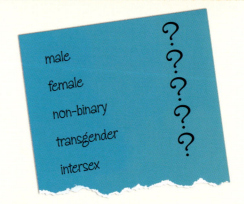

「ジェンダーの平等な社会では、『ジェンダー』という言葉は存在しなくなるはずです。みんなありのままでいられるのです」

グロリア・スタイネム、作家

それはみんなに起きることです。あなたの今の感じ方は、5年後、10年後には変わるかもしれません。人は変わるものなのです、うれしいことかは別として！　自分自身についての感じ方を再評価するのも、成長することの一環です。

あなたが自分をどう認識するか、それは世界一自然なことです。あなたはあなた自身でしかなく、最も正直でありのままの姿は本当にすばらしいのです！

ジェンダーの専門用語

インターセックス：生まれた時の身体的な特徴が男性でも女性でもない人。医療従事者はジェンダーを割り当てられない。

LGBTQ：レズビアン（Lesbian）、ゲイ（Gay）、バイセクシュアル（Bisexual）、トランスジェンダー（Transgender）、クィア／クエスチョニング（Queer/Questioning）の頭文字で、あてはまる人々のコミュニティを表す。LGBTQの人々はそのジェンダー・アイデンティティにより、時に政治的・社会的な関心を共有する。

ジェンダークィア：男性と女性以外のジェンダー・アイデンティティを指す言葉。

ジェンダーノンバイナリー：男性でも女性でもない他のジェンダー、例えばジェンダーフルイドを認識する考え方。

ジェンダーバイナリー：性別を男性と女性の二種類に分ける分類法。

ジェンダーフルイド：自身を男性でも女性でもない、男性と女性の両方、または男性と女性の混合と認識する人。典型的なジェンダーが混ざっていると感じ、ある日にはより女性、別の日にはより男性の気持ちになる。

シスジェンダー：自身のジェンダー・アイデンティティが、割り当てられたジェンダーと一致する人。

第3のジェンダー：ある文化における、男性と女性以外に第3のジェンダーが存在するという認識。男性でも女性でもないとされる人もいる。

トランス：自身をトランスジェンダー、トランスセクシュアル、男性と女性の両方である、男性と女性のどちらでもない、中性、第3のジェンダーのいずれかとする人のことをまとめて言う言葉。

トランスヴェスタイト：自分にとっての異性に典型的な服装や化粧を楽しむ人。

トランスジェンダー：生まれた時に割り当てられたジェンダーと自身のジェンダー・アイデンティティが一致しない人。**トランス男性（FTM）**は女性から男性へという意味。割り当てられたジェンダーは女性である一方で自身を男性と認識する人を指す。**トランス女性（MTF）**は男性から女性へという意味。割り当てられたジェンダーは男性である一方で自身を女性と認識する人を指す。

割り当てられたジェンダー：生まれた時に、外性器に基づいて与えられたジェンダー。着る服や遊ぶおもちゃなどのジェンダー規範を通して、子どもが育てられる過程に影響を及ぼす。

「わたしは個人でありたい、ジェンダーを超えて」

アニー・レノックス、歌手

用語集

アイデンティティ：ある人が誰で、どのような人物かということ。

アンドロジナス：男性的、女性的な外見を併せ持つこと。

割礼：宗教上、時に医療上の理由で、男の子の陰茎の先端の皮を切除すること。伝統によっては女の子の陰核か陰唇が切除されることもあるが、男の子の場合のほうが多い。

カミングアウト：自身のセクシュアリティをオープンにすること。

固定観念：ある種類の人に対して広く抱かれ固定された、その人の姿や言動がこうあるべきという考え。

ジェンダー・アイデンティティ：自分がある性に分類されると感じること。

社会的構築：社会において作られ、受け入れられた考え。

人権：生い立ち、文化、ジェンダーや肌の色にかかわらず、全ての人にあるとされる権利。

性器：体の外側に付いている人間の生殖器官。

性差別主義（セクシズム）：生物学的な性を理由とした、特に女性に対する不当な扱い。

生物学的な性：生殖器官に基づいた、人間の分類（主に男性と女性）。

性別移行：自分の性別を変えること。生まれた時に割り当てられた性別に不満がある場合に行われる。

セクシュアリティ：他者に性的な関心を抱くこと（抱かない人もいる）。

染色体：人体内のほとんどの細胞にある糸のような構造体。生物学的な性など、遺伝子の情報を伝達する。

代名詞：文中で人に言及する時に使う言葉。「彼」、「彼女」など。

フェミニズム：全ての性の平等を理由に女性の権利をサポートすること。

ホルモン：体内で生産される、または薬として摂取される化学物質。細胞に特定の行動を指示する。

物として見る：人を、人ではなく物として見ること。

索引

あ行

アイデンティティ　4-5, 10, 32, 33-34, 36-37, 44-46
アセクシュアル　37
アディーチェ, チママンダ・ンゴズィ (Chimamanda Ngozi Adichie)　5
アナクサゴロウ, アンソニー (Anthony Anaxagorou)　23
アンドロジナス　32
移行　17, 25, 26-27, 46
イザード, エディー (Eddie Izzard)　33
異性愛者　37
イッサ, クリシュナ (Krishna Istha)　5, 42
色　11-12, 19
インターセックス　8-10
ヴルスト, コンチータ／ノイヴィルト, トム (Conchita Wurst / Tom Neuwirth)　13
オディール, ハンネ・ギャビー (Hanne Gaby Odiele)　9
同じ給料　28-30
おもちゃ　11, 13, 16, 20-21, 44-45

か行

家族　12, 14, 17, 23, 26, 37-39, 43
髪　8, 11-12, 17-19, 31, 42
期待　5, 12, 15, 43
規範　10-11, 14, 18, 45
クリスティー, グウェンドリン (Gwendoline Christie)　15
クロスドレス　32-33
化粧　11, 18-19, 31-32, 45
固定観念　12-15, 18, 21, 32, 42, 44, 46

さ行

サイラス, マイリー (Miley Cyrus)　29, 41
ジェンダー　4-6, 10-19, 22-23, 24-28, 30-32, 34-38, 40-46
ジェンダーフルイド　5, 40, 41
ジェンナー, ケイトリン (Caitlyn Jenner)　36
社会　4, 10, 19, 25-26, 28-29, 40, 44
ジャクソン, エイブリー (Avery Jackson)　25
シャミール (Shamir)　15
手術　8-9, 17, 24, 26-27
人権　9, 28-30, 35
スタイネム, グロリア (Gloria Steinem)　44
スポーツ　9, 11, 21, 38-39
性器　6, 8, 30, 45-46
性差別主義（セクシズム）　5, 29, 44, 46
生殖　6-7, 25
生物学的な性　4-11, 17, 29, 32, 36, 46
世界保健機関（WHO）　10
セクシュアリティ　5, 33, 36–37, 46
セメンヤ, キャスター (Caster Semenya)　9
選挙　28-29
染色体　7, 46
選択、選ぶ　4, 21, 36, 43

た行

代名詞　11, 17, 24, 41, 46
チャールズ, ルポール (RuPaul Charles)　33
中性　11, 26, 41
同性愛者　37-39, 43
同性カップル　14
ドーソン, ジュノ（Juno Dawson）　16-17
ドックリル, ローラ (Laura Dockrill)　22
トランス　24-27
トランスヴェスタイト　33
トランスジェンダー　5, 8, 17, 24-27, 32, 34, 39

な行

ノウルズ＝カーター, ビヨンセ (Beyoncé Knowles-Carter)　29-30

は行

バイセクシュアル　37-39
ハサウェイ, アン (Anne Hathaway)　21
パンセクシュアル　37
平等　5, 19, 28-30, 44, 46
フィッシャー, フォックス (Fox Fisher)　5, 26-27
フェミニズム　5, 28-31, 42, 44, 46
服　11-13, 16-19, 24, 26, 31-33, 42, 44-45
婦人参政権論者　28-29
文化　18-19, 30, 33-35, 42
ペジック, アンドレア (Andreja Pejić)　19
ボノ, チャズ (Chaz Bono)　11, 24
ホルモン　7, 17, 24-27, 46
ボーン, ホリー (Holly Bourne)　5, 31

ま行

マクミラン, アンドリュー (Andrew McMillan)　5, 43
マルチジェンダー　5, 42
メディア　12, 33
モンロー, ジャック (Jack Monroe)　41

や〜わ行

リスター, マット (Matt Lister)　38-39
レジェンド, ジョン (John Legend)　29
レディー・ガガ (Lady Gaga)　32
ローズ, ルビー (Ruby Rose)　40
ワトソン, エマ (Emma Watson)　29
割り当てられたジェンダー　16, 24, 45

【著者】

ジュノ・ドーソン　*Juno Dawson*

作家、コラムニスト。イギリスのウエストヨークシャー出身。イギリスのヤングアダルト小説家に贈られる「クイーン・オブ・ティーン2014」を受賞。*Margot and me* や、ユネスコが制定した「世界図書・著作権デー」の一冊に選ばれた *Spot the Difference* などがベストセラーとなる。LGBTアクティビストとしても知られており、LGBTの若者に向けたノンフィクションガイド *THIS BOOK IS GAY* や *MIND YOUR HEAD* もベストセラーとなる。当初はジェームズ・ドーソンの名で活動していたが、2015年に性別を変えることを発表。現在は女性として活動している。

【訳者】

岡本早織　*Saori Okamoto*

1993年、大阪生まれ。中学時代をベルギーのインターナショナルスクールで過ごす。国際基督教大学を卒業し、現在は実務翻訳者。2014年から、「TOKYO+MADE (Humans of Tokyo)」というインタビューサイトの翻訳を担当。2019年から、日本における同性婚の実現を目指す Marriage For All Japan を内部で翻訳・通訳により支援。

企画編集　太田明日香
装丁造本　寺村隆史
イラストレーション　坂本伊久子

国際化の時代に生きるためのQ&A ②
ジェンダーってなんのこと？

2021年3月10日第1版第2刷　発行

著　者　ジュノ・ドーソン
訳　者　岡本早織
発行者　矢部敬一
発行所　株式会社 創元社
　　　　http://www.sogensha.co.jp/
　　　　本社　〒541-0047 大阪市中央区淡路町4-3-6
　　　　Tel.06-6231-9010 Fax.06-6233-3111
　　　　東京支店　〒101-0051 東京都千代田区神田神保町1-2田辺ビル
　　　　Tel.03-6811-0662
印刷所　図書印刷株式会社

© 2018, OKAMOTO Saori
ISBN978-4-422-36005-8 C0336

〔検印廃止〕
落丁・乱丁のときはお取り替えいたします。

JCOPY 〈出版者著作権管理機構 委託出版物〉
本書の無断複写は著作権法上での例外を除き禁じられています。複写される場合は、そのつど事前に、出版者著作権管理機構（電話 03-3513-6969、FAX03-3513-6979、e-mail: info@jcopy.or.jp）の許諾を得てください。